귀향의 영성

A Spirituality of Homecoming

Originally published in the U.S.A. under the title: *A Spirituality of Homecoming*
Copyright © 2012 The Henri Nouwen Legacy Trust.
All rights reserved.

Korean edition copyright © 2013 by Duranno Press, 95 Seobinggo-Dong,
Yongsan-Gu, Seoul, Republic of Korea
This translation published by arrangement with Upper Room Books
through Riggins International Rights Service, Inc.

본 저작물의 한국어판 저작권은 Riggins International Rights Service, Inc.를 통하여
Upper Room Books와 독점 계약한 두란노서원에 있습니다.

신 저작권법에 의하여 한국 내에서 보호받는 저작물이므로 무단전재와 무단복제를 금합니다.

| 헨리 나우웬의 일상의 예배 2 |

예수님을 나의 집으로 삼는 하루
귀향의 영성

지은이 | 헨리 나우웬
엮은이 | 존 모개브개브
옮긴이 | 윤종석
초판 발행 | 2013. 8. 19
6쇄 발행 | 2024. 7. 12
등록번호 | 제3-203호
등록된 곳 | 서울시 용산구 서빙고동 95번지
발행처 | 사단법인 두란노서원
영업부 | 2078-3333 FAX | 080-749-3705
출판부 | 2078-3444

책값은 뒤표지에 있습니다.
ISBN 978-89-531-1950-5 03230

독자의 의견을 기다립니다.
tpress@duranno.com http://www.duranno.com

두란노서원은 바울 사도가 3차 전도 여행 때 에베소에서 성령 받은 제자들을 따로 세워 하나님의 말씀으로 양육하던 장소입니다. 사도행전 19장 8-20절의 정신에 따라 첫째 목회자를 돕는 사역과 평신도를 훈련시키는 사역, 둘째 세계선교(TIM)와 문서선교(단행본·잡지) 사역, 셋째 예수문화 및 경배와 찬양 사역, 그리고 가정·상담 사역 등을 감당하고 있습니다. 1980년 12월 22일에 창립된 두란노서원은 주님 오실 때까지 이 사역들을 계속할 것입니다.

헨리 나우웬의 일상의 예배 2

예수님을 나의 집으로 삼는 하루
귀향의 영성

헨리 나우웬 지음 | 윤종석 옮김

두란노

contents

《헨리 나우웬의 일상의 예배》 시리즈를 펴내며   6
여는 글. 이제 '진짜 집'으로 돌아갈 때다   8

하나님께서
'한 집'에 살자고
당신을 부르신다   23

1 풍요의 집으로
중심을 '나에서 예수로' 옮기는 영성   39

2 용서의 집으로
힘을 '미움에서 사랑으로' 옮기는 영성   53

3 회복의 집으로
상처를 '회피에서 십자가로' 옮기는 영성   69

4 기쁨의 집으로
일상을 '눌림에서 누림으로' 옮기는 영성   83

어디든지
'예수님이 계신 곳'이
'나의 집'이다   91

주   108
저자 소개   110

《헨리 나우웬의 일상의 예배》 시리즈를 펴내며

헨리 나우웬은 늘 삶의 핵심에 가 닿으려 했고, 결코 주변에서 기웃거리는 정도로 만족하지 않았다. 그래서 새로운 경험과 관계에 대한 그의 접근은 거침이 없었다. 헨리는 어린아이처럼 열렬한 기대감을 품고 세상을 바라보았고, 그에게는 조건 없이 사랑하시는 하나님을 삶의 한복판에서 만나리라는 확신이 있었다. 헨리의 삶과 사역은 우리에게 일상의 현장에서 그 하나님을 알아보게 해주려는 부단한 열정의 산물이다.

《헨리 나우웬의 일상의 예배》 시리즈는 현대의 제반 이슈와 관심사에 긍휼로 천착한 헨리의 유산을 되살린 것이다. 헨리나우웬협회와 어퍼룸미니스트리(Upper Room Ministries)의 협력으로 만들어진 이번 시리즈는 헨리가 마음에 두었던 여러 가지 주제를 참신하게 제시하고 있다. 하나님이 우리 일상 속에 생각보다 가까이 계심을 시리즈의 각 책을 통해 깨닫게 되기를 바란다.

여는 글 . 이제 '진짜 집'으로 돌아갈 때다

　헨리 나우웬은 두려움을 극복해야 한다는 내용의 글을 자주 썼다. 내가 남편 제프(Geoff)와 함께 헨리를 처음 만난 날이 지금도 내 기억에 선하다. 약간 수줍어하는 우리를 헨리는 자신의 자동차 안으로 반겨주었다. 하지만 헨리가 운전을 시작하면서 우리의 두려움은 순식간에 공포로 변했다!

　표현력이 풍부한 헨리의 손은 쉴 새 없이 움직이느라 도무지 핸들 위에 붙어 있지 않았다.

게다가 헨리는 대화 중에 우리와 눈을 마주치려 했다. 그러나 나는 헨리가 우리보다는 도로와 눈을 마주치기를 바랐다. 이런 일은 우리만 겪은 게 아니다. 그때로부터 두어 해 전에도 헨리는 대리점에서 새 차를 사서 나오다가 유명한 사고를 낸 적이 있다. 몇 블록도 못 가서 차가 완전히 박살 나버렸던 것이다.

어쨌든 그날 우리가 헨리와 함께 두려움과 공포를 지나 마침내 다다른 곳은 한 피자집이었다.

헨리는 자신의 단골 음식점으로 우리를 즐거이 안내했다. 음식점 직원들이 모두 헨리를 잘 알고 있었다.

헨리는 우리의 마음을 편하게 해주면서 자신의 삶, 불안과 두려움 등 아주 사적인 부분을 열어 보였다. 또 그는 우리 부부가 삶 속에서 내린 여러 결정과 경험에도 깊은 관심을 보였다.

헨리가 따듯하게 반겨준 덕분에 우리는 친밀한 교제의 시간을 보냈다.

귀향에 대한 이 작은 책에서 헨리는 예수님의 첫 제자들을 소개한다. 제자들은 예수님께 어디에 계시느냐고 물었고, 그때부터 시간을 함께 보내며 그분을 조금씩 알아갔다. 나는 헨리가 오늘의 세상에 산다면 어떻게 반응할지 종종 궁금하다.

그는 요즘 세상의 역설을 금세 간파할 것이다. 지구촌 전역의 실시간 통신 덕분에 세상의 고난과 지역 뉴스는 물론, 개인적 관계까지도 모두 더 가깝게 다가온다. 하지만 동시에 그것들은 스크린에 묶여 있어서 더욱 거리감과 한계를 느끼게 한다.

그래서 헨리는 독자들에게 예상 밖의 관계들 속으로 과감히 나아갈 것을 촉구한다.

"예수님을 찾으려면 나와는 다른 사람들과 함께 시간을 보내야 합니다. 그들의 말을 경청해야 합니다."

이 책은 1985년 매사추세츠주 케임브리지에서 나눈 헨리의 사순절 강론 시리즈를 다듬은 것이다. 헨리는 우리가 예수님의 초대에 응해서 그분을 따르면 결국 그 길이 집으로 이어진다고 말한다.

또한 헨리는 예수님의 부르심을 듣거나 거기에 응하지 못하게 막는 우리의 두려움과 상처를 파헤친다. 그러면서 예수님을 따라하는 데서 그치지 말고 그분의 성육신이 되어야 한다고 도전한다.

그 강연을 하던 시기에 헨리는 시간의 절반을 하버드대학교에서 가르치며 보냈고, 나머지 절반의 시간에는 대규모의 청중을 상대로 순회강연을 했다. 강연의 주제는 정의(正義)를 퍼뜨리는 작업에 필요한 영적인 기초였다.

이렇게 그의 생활이 불안정하다 보니 그만큼 타격도 컸다. 당시의 학생들에게 헨리의 케임브리지 집은 누구나 환영받는 곳으로 좋게 기억되고 있지만, 헨리가 경험한 자신의 내면생활은 '아주 어두운 곳의 삶'이었다.

헨리는 그것을 이렇게 설명한다. "어느새 내 기도가 부실해져 있었고 내 삶이 사람들과 다소 동떨어져 있었다. 눈앞의 일에만 정신이 팔려 있었던 것이다." 이 사순절 강연을 하고 나서 몇 달이 못 되어 헨리는 삶에서 근본적인 변화를 단행한다.

예수님의 초대에 헨리가 다시 응한 것이다. 예수님은 "와서 보라"라며 우리를 자신의 거처로 초대하시는 분이다. 헨리에게는 라르쉬가 마음의 귀의처로 느껴졌다. 이것은 그에게 '귀향'과도 같은 일이었다.

"프랑스의 라르쉬 공동체를 방문했을 때 꼭 집에 온 듯한 기분이 들었다. 여태까지 예일이나 라틴아메리카나 하버드에서는 경험하지 못 한 일이었다. 정신지체 장애인들과 함께하는 삶에는 경쟁이 없었다.

그 새로운 친구들은 이름이나 신분과 무관하게 나를 따뜻하게 맞아주었고, 함께 '시간을 허비하자'라고 집요하게 초대했다. 이를 통해 내 내면의 한 부분이 열렸다. 여태까지 나에게 막혀 있던 부분이었다. 그곳에서 나는 함께 살자고 부르시는 예수님의 부드러운 초대를 들을 수 있었다."[1]

헨리가 이 책에서 그려내는 영성의 소유자는 예수님을 따르는 사람, 그리하여 어디에 살든 그곳을 집으로 삼을 줄 아는 사람이다.

그러한 사람은 현실의 고통에 마음을 열어서 그곳에 숨어 있는 기쁨을 발견한다. 헨리가 쓴 모든 책의 핵심 주제는 이것이다. 자신의 고난이든 타인의 고난이든 고난을 두려워하지 마라.

이 책에서 헨리의 사적인 이야기는 하나밖에 나오지 않지만, 그 이야기에는 아주 힘이 있다. 그즈음 헨리는 기분이 몹시 우울했다. 아마 세상의 많은 급박한 일에 마음이 짓눌렸기 때문일 것이다. 그래서 그는 외롭고 허전했다.

마침 헨리는 애리조나주 플래그스태프에 있었으므로 그랜드캐니언에 갔다. 그런데 흥미롭게도 헨리는 뛰어내리고 싶은 충동에 사로잡히지 않았다!

수천 년에 걸쳐 켜켜이 쌓인 지층은 오히려 그에게 위로의 은유가 되어서 삶을 바른 시각으로 보게 해주었다. 광활한 대자연 앞에서 헨리의 낙심이 씻겨나간 것이다.

「귀향의 영성」은 매 순간의 선택에 관한 책이다. 우리의 바른 선택을 통해 하나님이 우리의 막힌 곳들을 뚫고 들어오실 수 있다. 그러면 우리는 자유를 누리게 된다.

캐럴린 휘트니-브라운(Carolyn Whitney-Brown)
캐나다 세인트제롬스대학교에서

사람이 나를 사랑하면 내 말을 지키리니
내 아버지께서 그를 사랑하실 것이요
우리가 그에게 가서 거처를[집을] 그와 함께 하리라 (요 14:23).

A Spirituality of
Homecoming

하나님께서
'한 집'에 살자고
당신을 부르신다

영원 전부터 우리를 기다리시던
그분이 오셔서
우리를 집으로 맞아주신다.[2]

영적인 삶은 '중심'에 이르는 여정이다. 거기 중심부에서 우리는 하나님의 사랑만이 아니라 하나님의 고통을, 세상의 희망만이 아니라 세상의 고통을, 어둠을 뚫고 들어오는 빛만이 아니라 우리 삶의 고통을 접한다. 많은 방해거리가 우리를 잡아당겨 중심에서 멀어지게 하고, 무수히 많은 것이 말 그대로 우리를 '점령하고' 있다. 영적인 삶은 그 모든 것을 물리치는 여정이다.

또한 영적인 삶은 기도의 여정이다. 이를 통해 우리는 '경청하는 마음'으로 하나님의 임재 안에 선다. 마음이란 우리 존재의 핵심을 뜻한다. 마음에는 우리 정신의 깊은 구석, 기분과 감정, 정서와 열정, 나아가 직관과 통찰과 비전이 모두 포함된다. 마음은 우리가 가장 인간다워지는 곳이다. 그러므로 경청하는 마음이란, 우리의 모든 존재와 소유가 하나님 앞에 열려 있는 것이다. 이것은 깊은 신뢰와 확신의 행위다.

산만하지 않은 삶이란, 곧 우리가 보고 듣고 행하는 모든 것을 중심부로 가져가려는 삶이다. 더 정확히 말하자면, '마음'에 이르려는 삶이다. 매사를 마음과 연결시키는 일은 지속적인 훈련이다. 그런데 모든 일의 귀결점인 그 마음은 우리의 마음만이 아니라 또한 하나님의 마음이다.

우리의 삶 전체를 중심부로 가져가면 그때 깨닫는 게 있다. 마음이란, 우리가 하나님을 만나는 곳이라는 사실이다. 마음속에 들어가면 곧 하나님 나라에 들어가는 것이다.[3] 거기서 모든 것이 끊임없이 예수님의 형상으로 변화된다. 예수님은 여호와의 고난당하시는 종이다.

하나님은 머나먼 하늘이나 깊고 은밀한 미래에 계시지 않고, 지금 여기에 계신다. 하나님은 우리 가운데 장막을 치셨다. 그뿐 아니라 하나님은 우리를 집으로 삼으셨다. 그래서 우리도 하나님의 집을 우리 집으로 삼을 수 있다.

예수님을 따라가면 마음의 집에 이를 수 있다.[4]

● 하나님의 초대에 응하는 훈련

"와서 보라"(요 1:39). 이 말로 예수님은 세례 요한의 두 제자를 초대하셨다. 그들은 이 초대에 어떻게 반응했는가? 그리고 우리는 어떻게 반응할 것인가?

세례 요한은 낙타털 옷을 두른 아주 거칠고 금욕적인 사람이었다. 회개의 설교자인 세례 요한은 엄한 목소리로 외쳤다. "너희는 죄인들이다! 회개하라! 회개하라!"

어느 날 안드레와 다른 제자가 요한과 함께 서 있는데 예수님이 지나가셨다. 세례 요한은 예수님을 유심히 보며 말했다. "보라, 세상 죄를 지고 가는 하나님의 어린 양이로다"(요 1:29). 요한은 사람들이 회개해야 한다는 걸 알았지만, 또한 자신이 그들의 죄를 지고 갈 수 없다는 것도 알았다. 죄를 지고 가는 일은 인간이 할 수 없다. 그런데 세례 요한은 예수님을 보면서 "보라, 세상 죄를 지고 가는 하나님의 어린 양이로다"라고 말했다.

요한의 두 제자는 예수님을 따라갔다. 그러자 예수님이 돌이켜서 그들이 따르는 것을 보시고 "무엇을 구하느냐"라고 물으셨다. 그들은 "어디 계시오니이까"라고 물었다(요 1:38 참조).

여기, 이 이야기의 시작부터 가장 중요한 질문이 나온다. "어디에 거하십니까? 저희도 그곳에 한 번 가보고 싶습니다."

그러자 예수님이 "와서 보라"라고 말씀하셨다.

예수님은 세례 요한과 얼마나 다르신가? 요한은 "회개하라! 회개하라!"라고 소리쳐 설교했지만, 겸손한 종이자 온유한 하나님이신 예수님은 요한의 제자들을 그냥 초대하셨다. 예수님은 자신이 살고 있는 곳을 와서 보라고 하셨다. 제자들을 안으로 맞아들여 둘러보게 허락하셨고, 자신과 함께 있게 하셨다. 그래서 제자들은 가서 그날 예수님과 함께 거했다. 그들은 그분의 거처에 친숙해졌다.

예수님은 집 주인처럼 우리를 식탁에 모으신다. 선한 목자이신 그분은 잔이 넘치는 식탁으로 자신의 사람들을 초대하신다(시 23편 참조). 예수님은 엄하고 까다로운 주인이 아니라 "내 집에 들어오라"라고 말씀하시는 하나님의 어린 양이시다.

우리는 성경 전체를, 이 이미지를 염두에 두고 읽을 수 있다. 하나님은 평생 여호와의 집에 살라고 끊임없이 우리를 초대하신다(시 27:4 참조). 주님은 친히 우리의 집이 되기 원하신다. 그래서 요한은 말씀이 육신이 되어 우리 가운데 장막을 치셨다고 표현했다(요 1:14 참조).

하나님은 우리가 그분과 한 집에 살기를 간절히 원하신다. 그래서 그것을 알려주시려고 친히 우리 가운데 집을 지으셨다. "와서 보라."

요한복음에 이 이미지가 계속 등장한다. 예수님이 "내가 너희를 내 집으로 삼은 것처럼 너희도 나를 너희의 집으로 삼으라"라고 말씀하신 것도 그중 하나다(요 15:4 참조). 예수님은 오셔서 우리를 자신의 집으로 삼으셨고, 동시에 우리를 그분의 집에 살도록 초대하셨다.

하나님의 후한 대접을 보여주는 성경의 모든 이미지가 갑자기 하나로 맞춰진다. 다시 말해 여기서 우리가 깨닫는 게 하나 있다. 우리가 곧 하나님의 집이며, 그분이 집으로 삼으신 곳을 우리도 집으로 삼도록 초대받았다는 사실이다. 그래서 우리 몸과 손과 얼굴과 마음은 점점 하나님과 우리가 자유로이 함께 살 수 있는 곳이 되어간다.

기도는 하나님을
우리의 집으로 삼는

가장 구체적인
방법이다.[5]

'집'의 이미지는 계속 확장되어 마침내 예수님은 자신이 아버지 집에 가서 우리의 거처와 식탁을 예비하겠다고 말씀하신다. 그 큰 집에 잔치가 벌어져 잔이 넘치고, 삶은 하나님과 함께하는 거대한 기쁨의 축제가 된다.

"와서 보라"라는 초대에 담긴 이 심오한 의미를 우리가 조금이라도 느낄 수 있으면 좋겠다.

이 초대에 우리는 어떻게 반응할 것인가? 우리가 마땅히 반응해야 할 그것을 세 개의 간단한 단어로 표현할 수 있다. 바로 경청하고, 묻고, 거하는 것이다.

○ 들으라

세례 요한이 "보라, 하나님의 어린 양이로다"(요 1:36)라고 말하지 않았다면, 그의 제자들은 아마 예수님을 눈여겨보거나 따르지 않았을 것이다. 우리 스스로는 예수님을 만나기 어렵다. 누군가가 그분을 가리켜 보여주어야 한다.

때로 우리는 참으로 경청해야 한다. 예수님을 가리켜서 보여주는 사람들이 우리에게 즐거움이나 매력이나 친근감을 주는 사람들이 아닐 수 있기 때문이다. 그들에 대한 선입견이 우리에게 있을 수 있다.

그들이 너무 가난하거나 너무 부유하거나 억양이 이상하거나 옷차림이 다르거나 외국어로 말한다는 이유로 우리는 그들을 불편하게 느낄 수 있다. 그래도 우리는 그들의 말에 귀를 기울여야 한다. 예수님을 찾으려면 나와는 다른 사람들과 함께 시간을 보내야 한다. 그들의 말을 경청해야 한다.

○ 물으라

그 다음에 우리는 "어디에 거하십니까?"라고 물어야 한다. 예수님이 어떤 분이신지 알려고 해야 하며, 예수님과 함께 있고 싶어서 그분을 구해야 한다. 그것이 중요하다. 그래서 우리는 계속 이렇게 아뢰어야 한다. "주님, 제가 주님을 따르고 싶은지 아직 잘 모르겠습니다. 주님에 대한 말을 많이 들었습니다. 주님이 계신 곳을 보여주십시오. 저도 가서 보고 싶습니다. 주님을 알아가고 싶습니다."

우리의 기도는 그러한 고백과 간구에서부터 시작된다. 예수님도 이것을 원하신다. 그분은 우리를 종이 아니라 친구로 부르기 원하시며, 자신이 아버지께 들어서 알고 있는 모든 것을 우리에게 알리기를 원하신다(요 15:15 참조). 바로 그 친밀한 관계를 누리게 해달라고 기도해야 한다. 겁내지 말고 구해야 한다.

○ 거하라

우리의 세 번째 반응은 거하는 것이다. 요한의 제자들은 오후 네 시까지 예수님과 함께 있었다. 우리도 예수님과 거하며 그분의 말씀을 듣고 그분을 알아가야 한다.

그분의 제자가 되고 싶다면 기꺼이 이렇게 말해야 한다. "주님, 이 30분을 주님과 함께 보내고 싶습니다. 제가 몹시 바쁘고 할 일이 많지만, 주님이 저를 사랑하시며 저와 함께 시간을 보내기 원하신다는 걸 믿습니다."

예수님과 함께 있으라. 조용히 그분의 음성을 들으라. 그분이 당신을 집으로 초대하신다. 점차 우리는 그 30분만이 아니라 온종일 자신이 그분의 집에 있다는 걸 알게 된다. 어디에 가서 무엇을 하든 자신이 주님의 집에 있음을 깨닫는다. 주님과 함께 기도 안에 머무를 때 우리는 이 적대적이고 폭력적이고 경쟁적인 세상에서도 내 집에 거한 것처럼 살아갈 수 있다.

하나님은

당신이 집에 오기를

원하신다.[6]

A Spirituality of
Homecoming

1 풍요의 집으로
중심을 '나에서 예수로' 옮기는 영성

예수님을 따른다는 건
하나님의 지속적인 자기계시에
동참하는 것이다.[7]

영적인 여정은 영웅 숭배나 치료 운동(therapeutic movement)에 가담하는 것과는 본질적으로 다르다. 영웅 숭배나 치료 운동은 누군가를 따르되 다분히 그 중심이 '나'에게 있다. 영웅 숭배에서 우리가 구하는 것은 대리 자아(vicarious self)다. 영웅의 정체성 속에서 자신의 정체성이 소멸된다. 그런가 하면 많은 치료 운동은 내적 조화나 치유를 추구한다.

하지만 "나를 따르라"(눅 5:27)라는 예수님의 부르심은 나를 버리고 점차 "주님이 중요합니다"라고 고백하라는 뜻이다. 예수님은 우리를 불러서 '나밖에 모르는' 세상을 버리게 하신다. 하나님과 한 집에 있으면 자신의 참 자아를 발견하게 된다는 걸 우리는 믿어야 한다.

● 상식의 논리를 깨뜨리는 훈련

예수님이 시몬과 야고보와 요한을 만나시는 이야기에서 이 여정의 방향이 나온다. 그들은 게네사렛 호수에서 밤새도록 고기잡이를 하다가 돌아온 터였다(눅 5:1-11 참조). 많은 인파가 하나님의 말씀을 들으려고 예수님께 바짝 몰려드는 통에 예수님은 시몬의 배에 올라 육지에서 조금 떨어져 말씀하셔야 했다.

예수님은 하나님 나라를 전파하셨다. 그 나라에서는 모든 것이 전복된다. 사회에서 무시당하거나 별 볼 일 없는 사람들이 오히려 복이 있다. 그 나라가 가까이 왔으므로 새로운 일이 벌어지고 있었다.

예수님이 말씀을 마치신 뒤 시몬은 말했다. "정말 흥미로운 설교였습니다. 이제 전에 우리가 하던 일로 돌아갑시다."

그러나 예수님은 그들의 평소 일상으로, 즉 설교가 시작되기 이전으로 돌아가지 않으셨다. 시몬 일행에게 그물을 내리라고 명령하셨지만 그 말씀이 그런 뜻이 아니었다. 그분은 시몬과 야고보와 요한이 이제 낡은 존재양식을 넘어 새로운 존재양식으로 나아가기를 원하셨다.

하지만 그들은 (우리처럼) 이전과 똑같이 말했다. "보십시오, 예수님. 당신은 어부가 아닙니다. 어업이 무엇인지도 모릅니다. 당신은 설교하는 사람입니다. 밤새도록 고기가 하나도 잡히지 않았으니 아침에도 잡힐 리가 없습니다! 지금 그물을 내려 봐야 소용없습니다." 그러다 마지못해 이렇게 덧붙였다. "정 그렇다면 좋습니다. 한 번 해보지요."

제자들은 상식적인 논리로 반응했다. 성경에서 그런 경우를 자주 볼 수 있다. 오병이어와 큰 무리가 좋은 예다(마 14:15-21 참조). 예수님이 "너희가 먹을 것을 주라"(16절)라고 말씀하시자 제자들은 "주님, 빵 다섯 개와 물고기 두 마리로 어떻게 이 많은 사람이 먹습니까? 어림도 없습니다"라고 반응했다.

"너희가 먹을 것을 주라"라고 말씀하신 그분이 누가복음 5장에서는 "그물을 내리라"라고 명령하셨다. 마침내 시몬 일행이 그물을 내리자 고기가 잡혔는데, 필요한 만큼만 잡힌 게 아니라 그물이 찢어질 정도로 많이 잡혔다. 오병이어의 경우에도 그랬다. 예수님이 뜻하신 것은 단지 모두에게 작은 빵조각이 하나씩 돌아가는 정도가 아니었다. 먹고 남은 것만도 큰 바구니로 열두 바구니나 되었다! 이번에도 배에 고기가 가득 차서 시몬은 어찌할 바를 몰랐다.

예수님은 우리의 상식적인 논리를 완전히 깨뜨리시고 모든 현실을 하나님 나라로 옮겨놓으신다. 순식간에 일어난 일이었다. 그 어부들은 더 이상 세상의 논리대로 살고 있지 않았다. 그들은 인간의 모든 논리를 초월하는 하나님 집의 논리 속에 들어갔다. 전혀 새로운 세상에 들어선 것이다.

그때 예수님이 말씀하셨다. "나를 따르라. 두려워하지 마라. 이제부터 내가 너로 사람을 취하게 하겠다. 전혀 새로운 생활방식으로 너를 인도하겠다"(눅 5:10 참조). 그래서 그들은 모든 것을 버려두고 그분을 따랐다. 이 장면은 중요하다. 그들이 정말 모든 것을 버렸기 때문이다.

우리는 늘 옛 논리를 고수하려 하지만, 예수님은 계속 그것을 깨뜨려서 새로운 존재양식으로 넘어가게 하신다.

우리는 그것을 받아들이기가 두렵다. 삶의 중심부인 우리 마음속에 예수님이 들어오시면 더 이상 우리가 삶을 통제할 수 없기 때문이다. 어쩌면 우리는 이 각박한 세상에서 살아남는 데 필요한 돈이 부족해질지도 모른다. 하지만 예수님이 거듭 약속하시는 실체들은 영생에 관계된 것이므로 우리 손에 잡히지 않는다. 그분의 기적들이 그 영생의 징후다.

예수님은 우리에게 물으신다. "빵이 얼마나 많이 남았는지 기억하느냐? 배에 가득하던 물고기를 기억하느냐? 내가 어떻게 하면 너희가 나를 신뢰할 수 있겠느냐? 나와 함께하면 평생 아무것도 부족하지 않는다는 걸 어떻게 하면 너희가 믿을 수 있겠느냐?"

예수님이 나타나시면 그때마다 우리의 필요가 다 채워지고도 남는다. 주는 풍요의 주님이시며, 우리를 자유와 평안과 기쁨의 나라로 부르신다. 결국 제자들도 그것 때문에 믿고, 그물을 버리고, 예수님을 따라 참된 집으로 향했다.

예수님은 당신의 마음속에 살고 계시며
당신에게 필요한 모든 것을 주신다.[8]

● 풍요의 주님을 바라보는 훈련

우리는 어떤가? 우리가 주님의 부르심에 보여야 할 반응은 '나밖에 모르는' 세상에서 벗어나서 주님 쪽으로 작은 걸음들을 내딛는 것이다. 주님을 따른다고 해서 즉시 극적인 조치가 필요한 건 아니다. 그런데 사람들은 작은 답밖에 모르면서 큰 질문을 던질 때가 얼마나 많은가? "내 전 재산을 처분하고 해외 선교를 떠나야 합니까?"

아니, 작은 걸음이면 된다. 평소 당신을 짜증나게 하는 사람들을 좀더 친절하게 대하라. 여기에 영적인 삶의 비결이 있다. 평소에 주님과 교제하며 사는 사람은 자신에게 필요한 작은 걸음들이 무엇인지 안다. 그것은 작지만 신실한 걸음들이다. 우리가 생각과 말과 행동으로 그 걸음들을 내딛으면, 시간이 흐르면서 그 작은 걸음들이 우리를 긴 여정으로 데려간다.

어쩌면 극적인 여정으로 데려갈 수도 있다. 이 여정을 묵묵히 가노라면 주님을 따르라는 그분의 부르심이 점점 더 똑똑히 들려오며, 우리 자신이 어디로 가고 있는지 알게 된다. 그러므로 우리는 예수님이 요구하시는 귀향의 걸음들이 아주 가까이에 있다는 걸 믿어야 한다.

둘째로, 우리는 '내 것밖에 모르는' 세상에서 벗어나야 한다. 그 기준은 다음과 같다. 나의 행동은 내가 살아남아야 한다는 두려움에서 비롯한 것인가? 아니면 두려움에서 사랑으로 옮겨가라는 부르심을 믿는 신뢰에서 비롯한 것인가?

우리는 자신이 언제 두려움으로 행동하고, 언제 사랑으로 행동하는지 금방 깨닫는다. 언제나 사랑을 선택하라. 두려움에서 벗어나는 걸음도 중요하지만, 사랑이신 그분 쪽으로 다가가는 걸음도 중요하다. 그분이 우리에게 가장 먼저 말씀하시는 주제는 고난과 분리와 십자가가 아니라 바로 생명이다.

우리는 언제나 풍요의 주님을 바라보아야 한다. 모든 기도와 묵상의 목적은 우리 눈을 그분의 얼굴에서 떼지 않게 해주는 것이다. 영적인 삶을 가꾸려면 항상 주님을 생각하고 바라보아야 한다. 영적인 삶은 무엇을 버리는 삶이 아니라 그분을 따르는 삶이다. 사랑하는 그분 쪽으로 옮겨가는 삶이다.

"와서 보라"라는 주님의 초대에 늘 가까이 머물라. 정말 보면 그분을 따르기가 쉬워진다. 그분께 마음이 끌리기 때문이다. 그러려면 예수님의 아름다움에 진실로 친숙해져야 한다. 아울러 그분의 아름다움이 곧 사랑하라는 초대이자 그분이 부르시는 곳으로 가라는 초대인 것을 깨달아야 한다.

그러면 시몬 베드로의 고백이 우리의 고백이 된다. "우리가 주는 하나님의 거룩하신 자이신 줄 믿고 알았사옵나이다"(요 6:69).

그리스도를 보면

곧 하나님과

모든 인간을

보는 것이다.[9]

A Spirituality of
Homecoming

2 용서의 집으로

힘을 '미움에서 사랑으로' 옮기는 영성

사랑은 용서하는 행위다.
용서하면 악이 선으로,
파괴가 창조로 돌아선다.[10]

"너희 듣는 자에게 내가 이르노니 너희 원수를 사랑하며 너희를 미워하는 자를 선대하며 너희를 저주하는 자를 위하여 축복하며 너희를 모욕하는 자를 위하여 기도하라"(눅 6:27-28).

예수님을 따른다는 말은 그분을 따라하고 그분의 행동방식을 모방한다는 뜻이 아니다. 누군가를 그저 따라한다면 그것은 그 사람과 친밀한 관계를 가꾸는 게 아니다.

그보다 예수님을 따른다는 말은 나만의 독특한 모습, 나만의 독특한 성육신을 하나님의 사랑에 내어드린다는 의미다. 또한 예수님을 따른다는 말은 그분이 그분답게 사셨듯이 나도 가장 나답게 산다는 뜻이다. 내 자존심을 버리고 사랑의 하나님을 따르는 것이다. 그 방법을 예수님이 우리에게 보여주신다.

● 원수를 사랑하는 훈련

원수를 사랑하는 삶은 기독교 메시지의 핵심이자 예수님이 우리에게 내놓으시는 도전이다. 예수님이 어떤 분이시며 그분을 따라가는 귀향길이 어떤 것인지 알고 싶다면, 원수를 사랑하라. 그 부르심이야말로 우리가 중심부에 가장 가까이 도달할 수 있는 차원이다.

원수를 사랑하라는 부르심을 우리가 잘 이해하지 못 하는 이유는 어쩌면 사랑을 보는 우리의 관점이 일그러졌기 때문일지 모른다. 내가 나 자신의 삶을 보며 깨달은 게 있다. 우리는 다 결핍된 사람들이다. 우리에게는 다른 사람들의 관심과 애정과 영향이 필요하다. 이 욕구가 워낙 강하다 보니 우리 자신의 삶을 그것을 채우는 쪽으로 자꾸 몰아갈 수 있다.

하지만 그것은 비참한 덫이다. 내 욕구를 제대로 채워줄 관심이나 영향이나 보호를 결코 얻어낼 수 없기 때문이다. 그렇게 얻어내지도 못 할 것을 구하면 결국 우리 삶이 긴장으로 가득 차게 된다.

우리는 왜 이렇게 결핍되어 있는가? 내 생각에 그것은 상처의 인식에서 비롯한다. 우리에게는 자아에 대한 회의가 있다. 그 회의는 옛날의 깊은 경험들로 거슬러 올라가며, 그 경험들 때문에 우리는 자신이 있는 모습 그대로 온전히 받아들여질 수 없다고 느낀다. 자아가 집처럼 편하지 않은 것이다.

이런 상처의 감정에서 우리의 결핍이 생겨나고, 그 결핍 때문에 우리는 다른 사람들에게 상처를 입힌다. 이렇듯 욕구와 상처는 서로 맞물려 과거에서 미래로 대를 이어 내려간다. 예수님은 바로 이런 정황 속에서 우리에게 '사랑'을 명하신다.

욕구와 상처가 맞물린 이 사슬을 복음이 끊어놓는다. 예수님의 위대한 메시지는 하나님이 먼저 우리를 사랑하셨다는 것, 그리고 그분이 먼저 우리를 사랑하셨다는 이유로만 우리도 서로 사랑할 수 있다는 것이다.

예수님이 우리를 오라고 부르시는 집은 바로 그 처음 사랑이다. 그 사랑이 인간의 모든 사랑보다 선행한다. 이것이 원래의 복이고, 원래의 수용이며, 원래의 우리 집이다.

그리스도인의 삶이란, 서로 사랑하되 결핍되고 상처 입은 사랑으로 하지 않고 하나님의 사랑으로 사랑하는 것이다. 결핍되고 상처 입은 사랑으로 사랑하면 결국 다른 사람들에게 해를 입힐 수 있다.

자비로 충만한 곳에 이르려면
예수님과 함께 가야만 한다.[11]

이렇게 자아의 가장 깊은 곳인 우리 마음속에서 하나님의 본래의 사랑을 주장할 줄 알게 되면 그때부터 우리가 깨닫는 게 있다. 하나님이 다른 사람들도 동일한 사랑으로 사랑하신다는 사실이다. "당신을 사랑합니다"라는 말은 내가 그 사람을 만남으로써 하나님을 만난다는 뜻이다. 내 마음의 집에 함께 살고 계시는 그분을 말이다.

우리는 함께 그 사랑을 드러내도록 부름받았다. 그리스도인의 삶은 하나님의 본래의 사랑을 증언하는 삶이며, 원수를 사랑하는 삶은 거기서 직접 흘러나오는 결과다.

원수를 사랑하는 것을 보면 우리가 진정 누구에게 속했는지 알 수 있다. 우리의 참된 집이 어디인지 알 수 있다.[12]

원수를 향한 사랑은 거룩함의 기준이다. 아토스 산에서 수도한 20세기의 위대한 영성 교부 스타레츠 실루안은 이렇게 말했다. "원수를 위해 기도하면 당신에게 평안이 임합니다. 원수를 사랑하는 사람은 하나님의 크신 은혜가 자기 안에 거한다는 걸 확신해도 좋습니다."[13]

원수를 향한 사랑은 예수님 삶의 특징이다. 십자가 위에서 고통당하시는 중에도 예수님은 이렇게 기도하셨다. "아버지, 저들을 사하여주옵소서. 자기들이 하는 것을 알지 못 함이니이다"(눅 23:34).

원수란 무엇인가? 원수란, 나를 대적한다고 내 쪽에서 규정한 사람이다. 원수는 나를 위하는 사람들과 대비된다. 세상을 그 두 부류로 나누려는 이상한 욕구가 많은 사람에게 있다. 대부분의 경우에 우리의 정체성은 친구들은 물론이고 원수들이 누구냐에 달려 있다! 우리가 원수로 규정한 사람들이 다시 우리를 규정한다.

기쁜 소식은 하나님께는 원수가 없다는 것이다. 하나님은 모든 인간을 똑같이 열렬한 사랑으로 사랑하신다. 하나님은 "은혜를 모르는 자와 악한 자에게도 인자"(눅 6:35)하시며, "비를 의로운 자와 불의한 자에게 내려주"(마 5:45)신다. 하나님의 사랑에는 차별이 없다.

우리도 서로 사랑하되 우리의 결핍되고 상처 입은 사랑으로 하지 않고 하나님의 사랑으로 사랑해야 한다. 그래서 하나님은 원수를 친구로 대하라고 우리를 거듭 부르신다. 마틴 루터 킹 주니어는 "원수를 친구로 변화시킬 수 있는 힘은 사랑밖에 없다"[14]라고 말했다.

● 원수에게서 벗어나는 훈련

원수에게는 우리를 지배하는 힘이 있다. 우리는 거의 끊임없이 원수를 생각한다. 그만큼 원수에게서 자유롭지 못 한 것이다. 그러므로 원수를 사랑하는 삶은 원수에게서 해방되는 길이다. 원수를 사랑하고 돌봐주면 그때부터 원수가 사라진다.

예수님이 주시는 이 도전에 대한 우리의 첫 번째 반응은 원수를 위해 기도하는 것이다. 이것은 어려운 일이다. 원수는 우리 속에 자리하고 있기 때문에, 우리는 매우 내밀한 존재를 상대하는 것이다. 그래도 우리는 원수가 거하는 내면의 자리로 들어갈 수 있어야 한다. 그러면 우리의 기도가 그 끈질긴 집착에 수반된 분노와 염려를 서서히 바꾸어놓을 수 있다. 이로써 우리는 하나님의 사랑을 삶 속에서 실천한다.

두 번째로 우리가 할 수 있는 일은 관계가 껄끄러운 사람들을 위한 단순한 섬김의 행위다. 단, 기분이 내킬 때까지 기다려서는 안 된다. 그냥 행동부터 하라. 이것은 '감정에 앞선 행동'이며, 바로 거기서부터 치유가 시작된다.

우리의 행동이 감정에 좌우되어서는 안 된다. 오히려 우리가 알고 있는 하나님의 사랑이 우리를 지배해야 한다. "나로서는 좀처럼 믿어지지 않지만 하나님은 나를 사랑하시는 만큼이나 이 사람도 사랑하신다!"

관계가 치유되고 회복되기를 바라는 우리 마음이 그런 작은 사랑의 행위들을 통해 표현된다. 그 사람이 나를 좋아하든 좋아하지 않든 그건 관계없다. 요지는 하나님이 나를 사랑하시는 만큼 그 사람도 사랑하신다는 진리를 자꾸 스스로 떠올리는 것이다.

지식에 따라 행동하면 감정은 확실히 따라오게 되어 있다. 결국 알고 보면 우리의 감정 자체도 지식에서 생겨난다. 이것은 중요한 영적 진리다. 이 세상은 감정이 우리 삶을 거의 지배하는 곳이기 때문이다.

우리는 자유로운 사람이 되어야 한다. 바로 그것이 우리 신앙의 핵심이자 예수님을 따르는 삶의 핵심이다. 원수에게 힘을 부여하는 건 우리 자신이다. 이제 그 힘으로부터 해방되어야 한다. 그러면 모든 인간을 하나님의 사랑으로 사랑할 수 있다. 그분의 사랑은 일곱 번을 일흔 번까지라도 끝없이 용서하는 사랑이다(마 18:22 참조).

자신이 아는 대로 진실을 선택하라.[15]

A Spirituality of
Homecoming

3 회복의 집으로

상처를 '회피에서 십자가로' 옮기는 영성

어떻게 상처가
치유의 근원이 될 수 있는가?[16]

예수님을 따른다는 말은 문제에서 벗어난다는 뜻이 아니다. 어떤 사람들은 예수님이 우리 마음속에 계시면 만사형통할 줄로 생각한다. 예수님은 문제의 해결사이시며 그분을 따르면 모든 문제가 풀린다는 것이다.

　　그보다 예수님을 따른다는 말은 삶의 현장에서 계속 씨름해야 한다는 뜻이다. 예수님의 제자라고 해서 반드시 우리 삶이 더 쉬워지는 건 아니다. 오히려 제자도 때문에 삶이 더 힘들어질 수 있다. 동시에 삶이 근본적으로 달라진다. 우리의 고통과 씨름도 달라진다. 고통과 씨름 속에 더 이상 나 혼자 살지 않기 때문이다.

　　사실 예수님을 따른다는 말은 똑같은 삶을 살되 그분과 함께 산다는 뜻이다. 예수님은 우리를 온전히 이해하신다. 그래서 우리의 길잡이이자 길동무이신 그분께 우리 삶을 송두리째 맡길 수 있다.

예수님을 따르려면 그것의 값 지불로 십자가를 져야 한다. 먼저 예수님의 십자가부터 살펴보자. 그 다음에 우리의 십자가를 알아보고, 끝으로 십자가를 진다는 게 무엇인지 생각해보자.

● 십자가를 바로 아는 훈련

하나님은 말씀으로 세상을 창조하셨다. 존재하는 모든 것은 하나님의 말씀으로 창조되었다. 그야말로 존재하는 모든 것이 그렇다! 그런데 그 하나님의 말씀이 육신이 되셨다.

그 의미를 바울이 아름답게 표현했다. 즉, 만물은 하나님의 말씀이신 예수 그리스도로 말미암아 창조되었다. 그런데 그분은 그 신성의 특권을 고수하지 않으시고 오히려 자신을 비워 우리와 같은 인간이 되셨다.

예수님은 우리처럼 되셨을 뿐 아니라 죽기까지 복종해서 나무 십자가 위에서 죽으셨다(빌 2:5-8 참조). 그분은 철두철미하게 우리 인간의 삶을 살고자 하셨고, 인간 조건을 우리가 평생 느낄 수 있는 것보다 더 깊이 느끼려 하셨다. 그리고 가장 터무니없는 죽음을 당하심으로써 그것을 가시적으로 보여주셨다. 거룩하신 분이 두 범죄자 사이에서 벌거벗은 몸으로 십자가에 못 박히신 것이다.

예수님은 "내가 땅에서 들리면 모든 사람을 내게로 이끌겠노라"(요 12:32)라고 말씀하셨다. 이 말씀은 과거와 현재와 미래의 모든 인류가 그리스도의 죽음과 부활이라는 신비 속으로 이끌려 들어갔다는 뜻이다. 예수님의 죽음 속에 모든 인간의 죽음이 내포되어 있다. 인간의 모든 고난이 그 속에 들어 있다.

이에 반해 우리의 십자가는 일단 무거운 짐이다. 무거운 짐의 한 부류는 '세상의 고난'이라는 십자가다. 세상의 고난은 라디오와 텔레비전과 신문에서 홍수처럼 쏟아져나온다. 이 고난의 무게 때문에 우리는 수동적인 사람이 될 수 있다. 넘쳐나는 고통 앞에서 단순히 생존 전략을 쓰는 것이다.

정말 모든 고난을 심각하게 내 일로 받아들인다면 우리는 금세 무력해질 것이다. 또는 분노가 치밀 수도 있다. 상황을 변화시킬 수 없는 우리의 무력함이 그 어마어마한 고난의 무게 앞에서 여실히 드러나기 때문이다. 그래서 우리는 이렇게 말한다. "어차피 내가 그런 데까지 다 신경 쓸 수는 없어. 가정과 직장 일을 챙기는 것만으로도 충분해. 다른 문제들까지 다 해결할 여력은 없어!"

그런가 하면 다른 부류의 무거운 짐도 있다. 이것은 굵직한 이슈들이 아니라 소소한 일들과 관계된다. 예컨대 치통처럼 온종일 우리 마음을 지배하며 짜증을 돋우는 작은 문제들이다. 그것은 사람일 수도 있고, 상황일 수도 있고, 실현되지 않은 희망일 수도 있다.

이렇게 크고 작은 염려들 때문에 많은 사람이 삶을 거대한 짐으로 느낀다. 그리고 자신은 짐에 짓눌린 존재가 된다. 하나님의 짐이라는 신비와 단절되고 고립되어 있으면 우리의 짐, 곧 십자가는 점점 더 무거워진다. 자기 혼자 져야 하기 때문에 짐이 무거운 것이다.

예수님은 말씀하신다. "너의 십자가를 지고 나를 따르라. 나의 짐을 지라. 나의 짐은 온 세상의 짐이지만 가볍다."

여기 그리스도인의 삶의 신비가 있다. 하나님이 그리스도를 통해 오신 목적은 우리의 짐을 없애주시기 위해서가 아니다. 하나님은 우리를 그보다 더 진지하게 대하신다. 하나님이 오신 목적은 우리를 초대해서 우리의 짐을 하나님의 짐과, 우리의 고난을 하나님의 고난과 연결시키게 하기 위해서다.

그리스도인의 삶을 향한 위대한 초대는 바로 하나님의 아들과 연결된 삶을 살라는 것이다. 그분은 우리를 위해 죽으셨고, 우리에게 자신의 짐을 주기 원하신다. 그분의 짐이 가벼운 이유는 하나님이 우리 대신 그것을 져주셨기 때문이다. 우리의 고난은 여전히 고통스럽지만, 십자가와 연결되어 있으면 그리스도의 고난과 하나가 된다. 그분의 고난은 우리를 집으로 인도한다. 거기는 전혀 새로운 세상이다.

"
주님, 이 세상에 세워진 주님의 십자가는
새로운 희망의 표지판입니다. [17]
"

● 그리스도 안에서 내 아픔을 해석하는 훈련

십자가를 진다는 말은 고통이나 문제를 애써 찾는다는 뜻이 아니다. 무엇보다도 그것은 지금 내가 겪고 있는 아픔을 인정한다는 의미다. 큰 문제가 아니라 작은 문제에서부터 출발해야 한다.

어쩌면 누군가가 오늘 당신에게 말을 걸지 않았거나 당신이 기다리던 편지가 오지 않았을 수 있다. 그래서 그것이 상처가 된다. 작은 아픔을 보고 인정할 때 비로소 우리는 자신의 집에 편히 거할 수 있다. 하나님도 그곳에 거하신다.

아울러 우리는 더 고통스러운 일이 닥칠 것에 대한 큰 두려움에서 벗어난다. 이것이 우리의 삶이다. 그렇다면 이것이 우리의 고통이기도 하다. 그대로 받아들이자. 삶의 고통을 무시하는 한 결코 삶의 기쁨도 맛볼 수 없기 때문이다.

예수님은 먼저 "너의 십자가를 지라"라고 말씀하신 뒤에 이렇게 덧붙이신다. "그리고 나를 따르라! 그것을 네 제자도의 일부로 삼고 나와 연결시키라. 하나님의 길과 연결시키라."

기도의 신비란 바로 그리스도 안에서 우리가 하나님의 고난과 끊임없이 연결된다는 것이다. "주님, 저의 존재 전체를 주님의 임재 안으로 가져옵니다. 저의 분노와 고통까지 다 가져옵니다. 저의 십자가가 주님의 십자가와 연합되게 하소서. 저의 짐은 주님의 짐이 될 것이며, 주님의 짐은 저를 새 생명과 새 희망으로 충만하게 할 것입니다."

이것이 진정한 기도다. 우리의 삶 전체를 그분과 연결시키자. 그분은 이미 고난을 다 당하시고 몸으로 부활하셨다. 그렇게 그분과 연결될 때 뭔가 새로운 것이 태어난다. 우리 내면이 새롭게 되고 새로운 귀향길이 열린다.

한때 내가 지고 살았던 무거운 짐에 대한 이야기를 하고 싶다. 그때 나는 매사에 우울했다. 마침 애리조나주 플래그스태프에 있었으므로, 나는 그랜드캐니언에 가기로 했다.

수백만 년 된 협곡을 보면서 그보다 더 오래된 전체 창조 세계를 떠올렸다. 이런 생각이 들었다. 그 기간 전체가 한 시간이라면 나는 마지막 1초도 안 되는 시각에 태어났을 것이다. 장관을 이룬 그랜드캐니언의 거대한 심연을 보고 있노라니 '도대체 내가 왜 이런 문제들에 짓눌려 있는가?' 하는 생각이 절로 들었다. 그러면서 우울증이 씻겨나갔다.

'이 모든 것 앞에서 나는 무슨 염려를 하고 있는가? 온 세상을 내가 짊어지고 있기라도 하단 말인가? 삶은 내 이전에도 있었고 내 이후에도 계속될 것이다. 그러니 나에게 주어진 짧은 시간을 누리면 되지 않는가?'

그랜드캐니언은 내게 이 땅의 한 상처처럼 보였다. 그 상처가 오히려 우리를 치유해준다. 그 이미지는 오래도록 나를 떠나지 않았다. 하나님도 그랜드캐니언과 같은 분이란 걸 깨달았기 때문이다.

하나님도 상처를 입으셨다. 그것은 모든 인류의 상처였다. 내가 하나님의 사랑의 심연 속으로 들어가면 내 상처는 가벼운 짐이 된다.

또 하나 깨달은 게 있다. 나는 내 상처를 인정하되 그것 때문에 무력해지지 않을 수 있고, 상처를 품고 살아가되 거기에 함몰되지 않을 수 있다. 하나님의 상처 앞에서 나는 나 자신이 그분께 사랑받는 존재임을 안다. 그 거대한 사랑이 나를 집으로, 즉 하나님의 삶으로 인도한다.

A Spirituality of
Homecoming

4 기쁨의 집으로

일상을 '눌림에서 누림으로' 옮기는 영성

기쁨은
영적인 삶의 정수다.[18]

예수님을 따르는 삶의 보상은 기쁨이다. 우리 삶이 기쁨으로 충만해지려면 낡은 것에 매여 있지 않고 늘 뭔가 새로운 것을 향해서 나아가야 한다. 기쁨이란 삶을 새롭고 참신하게 경험하는 것이다. '낡은' 기쁨이란 없다.

● 고난의 자리에서도 기쁨을 누리는 훈련

복음의 기쁜 소식은 예수님이 우리에게 그분의 기쁨을 주신다는 것이다. 예수님이 약속하시는 기쁨은 행복과는 아주 다르다. 흔히 사람들이 말하는 '기쁨'은 고통의 경험에서 잠시 벗어나는 것에 지나지 않는다. 그들에게는 기쁨과 고난이 공존할 수 없다.

하지만 큰 고뇌를 겪으면서도 기쁨이 충만했던 사람들이 있다. 고난보다 더 큰 무엇이 존재했기 때문이다. 위대한 성인인 아시시의 프란시스, 아빌라의 테레사, 십자가의 요한이 깨달았듯이 인간은 고난을 통해 그리스도의 십자가 고난에 더 가까워질 수 있다. 이렇듯 고난과 기쁨이 반드시 긴장 관계는 아니다.

하나님의 은혜는 우리 인간의 고통을 집으로 데려간다. 바로 하나님의 기쁨이 거하는 곳으로 말이다. 그래서 우리는 삶에 무슨 일이 벌어지고 있든 관계없이 하나님의 기쁨을 알 수 있다. 여기에 사랑의 선물이 있다.

"내 기쁨이 너희 안에 있어 너희 기쁨을 충만하게 하려 함이라"(요 15:11).

영적인 삶이란 하나님의 고뇌 속에서 그분과 함께하는 삶이고, 늘 사랑과 연결되어 있는 삶이다. 그 사랑이 우리 안에서 기쁨이 된다. 그 기쁨의 자리를 알고 그것과 항상 연결되어 있는 게 매우 중요하다. 그래야 그것이 우리의 모든 경험을 떠받치는 든든한 기초가 될 수 있다.

우리 마음이 그리스도께 속해 있으면 고난과 기쁨이 더 이상 상반된 개념이 아니다. 그래서 우리도 그분과 함께 세상을 이긴다(요 15:19; 16:33 참조).

● 삶 자체를 누리는 훈련

어떻게 하면 그리스도가 주시는 기쁨을 삶 속에서 누릴 수 있을까? 축하를 통해 가능하다! 이것이 기쁨에 찬 삶의 시금석이다. 우리는 삶을 즐거워할 줄 알아야 한다. 교회는 크리스마스나 부활절 같은 거룩한 날들을 축하하고, 우리는 생일과 기념일과 기타 특별한 날들을 축하한다.

하지만 그런 간헐적인 축하를 벗어나 우리는 언제나 이 사실을 의식하며 살도록 부름받았다. 모든 순간이 특별하므로 마땅히 하나님의 선물로 받아야 한다는 것이다.

우리는 그분과 한 집에 살고 있다. 이런 의미로 삶을 즐거워하려면 우리의 하루하루를 올려드리며 이렇게 고백해야 한다. "이 날은 여호와께서 정하신 것이라 이 날에 우리가 즐거워하고 기뻐하리로다"(시 118:24).

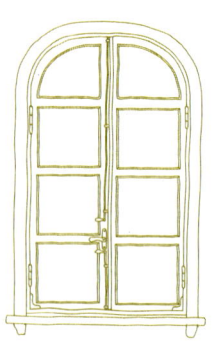

진정한 기쁨은

늘 전염성이 있다.[19]

A Spirituality of
Homecoming

어디든지
'예수님이 계신 곳'이
'나의 집'이다

예수님은 자신의 모든 것을
우리에게 선물로 주신다.[20]

예수님을 따른다는 말은 2천 년 전에 사셨던 분을 상상 속에 떠올리며 그분의 가르침을 우리 시대에 적용하려 애쓴다는 뜻이 아니다. 예수님을 따른다는 말은 바로 '부활하신 주님'을 따른다는 의미다. 그분은 지금 이 순간에도 우리와 함께 계시며, 우리를 더욱 온전히 집으로 이끄신다. 하나님과의 교제가 날로 더 깊어지게 하신다.

"내가 세상 끝날까지 너희와 항상 함께 있으리라"(마 28:20). 이것은 약속이다. 하나님은 누구이신가? 하나님의 이름은 무엇인가? 하나님이 처음으로 그 이름을 계시해주신 때는 불붙은 떨기나무에서 모세를 만나셨을 때였다.

하나님의 이름은 "스스로 있는 자"(출 3:14)이시다. 하나님은 아브라함과 이삭과 야곱의 하나님이시다. 하나님이 계시되셨을 때 그 백성은 그분을 "우리와 함께하시는 하나님"으로 알았다. 하나님은 그분의 백성에게 오시는 분이다. 우리에게 오셔서 우리와 함께 사신다.

하나님은 광야의 길을 우리와 함께 걸으시고 우리에게 새 생명을 주신다. 우리와 함께하는 일을 하나님이 얼마나 중요하게 여기시는지 예수님을 보면 알 수 있다. 하나님은 아예 우리 중 하나가 되셨고, 우리 인간의 모든 속성을 공유하셨다.

그것으로도 모자라서 하나님은 그보다 더 깊은 방식으로 우리와 함께하신다. 예수님은 우리에게 이렇게 말씀하신다. "내가 떠나는 것이 너희에게 유익하다. 내가 떠나면 너희에게 나의 영을 보낼 수 있고 나의 영이 너희 안에 거할 수 있다"(요 16:7 참조).

예수님이 계시해주시듯이 하나님이 우리와 함께하시는 방식은 워낙 친밀해서 그분이 우리 안에 거하신다고 표현될 정도다. 우리와 함께하시는 하나님은 우리와 동행하시며 함께 고난당하시는 정도가 아니라 아예 우리의 호흡 자체이시다.

"내가 세상 끝날까지 너희와 항상 함께 있으리라"(마 28:20). 당신과 나는 하나님의 영광을 세상에 똑똑히 드러내는 살아 있는 반사체로 부름받았다. 이것은 큰 약속이요, 성령의 약속이다.

성령이 오시기 전까지만 해도 제자들은 그리스도와 함께 다녔다. 그러나 성령이 오신 후로는 그리스도 안에서 다녔고, 그분께 들었던 모든 말씀이 비로소 깨달아졌다.

제자들은 그리스도가 자기들 안에 살아 계시고, 자기들이 그분 안에 살고 있음을 깨달았다. 그래서 "이제는 내가 사는 것이 아니요 오직 내 안에 그리스도께서 사시는 것이라"(갈 2:20)라고 고백할 수 있게 되었다. 그러자 모든 장벽이 허물어졌고 그들은 온 세상으로 나갔다.

온 세상으로 보냄받은 우리에게 그리스도가 함께하신다. 그래서 우리는 어디에 있든지 여전히 집에 머물 수 있다. 이미 하나님과 교제하고 있기 때문이다. 우리는 이미 주님의 집에 거하고 있다. 굳이 우리는 하나의 가정, 하나의 공동체, 하나의 상황에 얽매일 필요가 없다. 어디로 보냄을 받든 자유로이 그냥 존재할 수 있다.

영적인 삶의 기술이란 지금 자신이 처한 곳에서 성령의 호흡에 주목하는 것이고, 지금 성령이 내 안에 새 생명을 불어넣고 계심을 믿는 것이다. 우리는 지금 있는 곳에서 있어도 되며, 굳이 다른 곳에 있을 필요가 없다. 이것이 영적인 삶의 묘미다. 우리는 이미 집에 있다. 그러니 계속 집에 머물자.

영적인 삶은

참된 자유를 얻는 장이다.[21]

● 하나님과 함께 현재 속에 있는 훈련

우리는 기도와 섬김을 통해 하나님의 임재를 연습한다. 기도는 우리가 이 순간에 현존하며 하나님의 음성을 듣는 길이다. 하나님은 언제나 우리가 있는 곳에 계신다.

기도는 경청의 훈련이고 하나님과 함께하는 훈련이다. 꼭 말이 많거나 생각이 깊거나 특정한 사고방식을 따르지 않아도 된다. 그냥 하나님의 임재 안에 있으면서 이렇게 아뢰면 된다.

"주님, 제가 여기 있습니다. …… 주님을 사랑합니다. …… 주님이 저를 사랑하심을 압니다. …… 주님과 함께 있고 싶습니다. 주님도 저와 함께 계셔주십시오."

기도란 이렇게 단순한 것이다.

기도 중에 잡념이 든다면 이는 대개 우리가 현재를 떠나 과거나 미래로 넘어갔다는 뜻이다. 우리는 어제 있었던 일을 생각하거나 내일 있을지도 모르는 일을 걱정한다. 잡념은 우리가 아직 온전히 현존하지 않는다는 증거다.

물론 우리는 그것을 받아들이고 그냥 웃어넘길 수 있다. 하지만 더욱 온전히 현재 속에 있으려는 자세가 중요하다. 알다시피 하나님은 지금 여기에 계시기 때문이다. 기도란 하나님과 함께 현재 속에 있는 것이다.

섬김은 하나님 나라의 행위이며 작은 행위까지도 다 포함된다. 이를 통해 우리는 다른 사람들에게 다가가서 관심을 표한다. 우리가 꾸준히 기도하며 하나님이 지금 여기 우리 안에 계심을 안다면, 자아에 몰두하는 정도가 점점 줄어들고 다른 사람들에게 더 주목하게 된다.

'나'를 버리고 예수님을 따르면, 사람들의 고민, 아름다움, 친절이 새삼 똑똑히 보인다. 우리 안의 성령이 그들 안의 성령을 보신다. 다른 사람들을 섬기면 서로 안의 성령이 성령을 보시고, 서로 안의 하나님이 하나님을 찬양하신다.

그래서 섬기는 우리가 섬김을 받는 사람들과 함께 있는 건 좋은 일이다. 그들이 하나님의 사랑을 상기시켜주기 때문이다.

이런 인식이 깊어지면 점점 공동체가 형성되고 새로운 삶이 태동한다. 우리 섬김의 행위는 감사의 행위가 된다. 하나님의 사랑을 경험했기에 이에 대한 감사를 표현하는 행위가 되는 것이다. 이는 하나님이 오셔서 우리 안에 사시고 우리를 집으로 초대하시며 영생을 주신 결과다.

감사하는 마음이 있으면 사람이나 상황을 변화시켜야 한다는 부담감에서 해방될 수 있다. 또 우리의 행동이 어떤 변화를 낳더라도 그것을 거리낌 없이 받아들일 수 있다. 그야말로 이웃들과 하나님의 사람들과 세상을 자유로이 돌볼 수 있다.

하나님 안에서 우리는

이웃들과 그들을 향한

우리의   책임을   발견한다.[22]

"내가 너희에게 실상을 말하노니 내가 떠나가는 것이 너희에게 유익이라 내가 떠나가지 아니하면 보혜사가 너희에게로 오시지 아니할 것이요 가면 내가 그를 너희에게로 보내리니"(요 16:7).

예수님이 우리를 떠나신 건 우리가 그분의 삶을 살며 기도와 섬김의 새로운 공동체를 형성하게 하기 위해서다. 그래서 예수님은 "내가 떠나는 것이 너희에게 유익하다. 내가 떠나야만 너희가 나를 온전히 알게 되기 때문이다"라고 말씀하신다(요 16:7-14 참조).

사랑하는 친구여, 이 책도 마찬가지다. 책이 끝나는 것이 우리에게 유익하다. 당신이 여기서 읽고 경험한 내용은 어쩌면 세월이 흐른 뒤에야 열매를 맺을지도 모른다. 성령은 마음속 깊은 곳에서 일하시므로 지금은 그 작업이 당신에게 느껴지지 않을 수 있다.

그러므로 우리 모두 성령이 더 깊이 계시해주시기를 기다리자. 차차 그분이 우리에게 하나님의 집에 편히 있는 법을 가르치실 것이다. 그리고 새로운 형태의 공동체와 새로운 섬김으로 우리를 부르실 것이다.

"와서 나를 따르라"(마 19:21).

주

1. Henri J. M. Nouwen, *The Road to Daybreak*(New York: Doubleday, 1988), 4. 「새벽으로 가는 길」(성바오로출판사 역간).
2. Henri J. M. Nouwen, *Can You Drink the Cup?*(2006), 112. 「이 잔을 들겠느냐」(바오로딸 역간).
3. Henri J. M. Nouwen, *The Way of the Heart*(1981), 77-78. 「마음의 길」(분도출판사 역간).
4. 1977년 2월 23일 재의 수요일에 나눈 미간행 묵상을 다듬고 거기에 1979년 11월 7일에 나눈 시편 46편 10절에 대한 묵상을 추가했다. 주요 본문은 1985년 사순절 기간에 헨리 나우웬이 하버드 스퀘어의 세인트 폴 천주교 교구에서 했던 강론의 보관용 녹음테이프에서 가져왔다.
5. Henri J. M. Nouwen, *Lifesigns*(1986), 39. 「두려움을 떠나 사랑의 집으로」(포이에마 역간).
6. Henri J. M. Nouwen, *The Road to Daybreak*(1998), 68. 「새벽으로 가는 길」(성바오로출판사 역간).
7. Henri J. M. Nouwen, *Compassion*(2005), 27. 「긍휼」(IVP 역간).
8. Henri J. M. Nouwen, *The Inner Voice of Love*(1996), 50. 「마음에서 들려오는 사랑의 소리」(바오로딸 역간).
9. Henri J. M. Nouwen, *Behold the Beauty of the Lord*(1987), 45. 「주님의 아름다우심을 우러러」(분도출판사 역간).

10. Henri J. M. Nouwen, *Intimacy*(1969), 32. 「친밀함」(두란노 역간).
11. Henri J. M. Nouwen, *The Road to Daybreak*(1998), 89. 「새벽으로 가는 길」(성바오로출판사 역간).
12. Henri J. M. Nouwen, *Letters to Marc about Jesus*(1988), 60. 「헨리 나우웬의 영성 편지」(복있는 사람 역간).
13. 다음 책에 인용된 말이다. Sergius Bolshakoff, *Russian Mystics*(Kalamazoo, Mich.: Cistercian Publications, Inc., 1977), 253.
14. Martin Luther King Jr., *Strength to Love*(Philadelphia: Fortress Press, 1981), 54. 「사랑의 힘」(예찬사 역간).
15. Henri J. M. Nouwen, *The Inner Voice of Love*(1996), 114. 「마음에서 들려오는 사랑의 소리」(바오로딸 역간).
16. Henri J. M. Nouwen, *The Wounded Healer*(1972), 87. 「상처 입은 치유자」(두란노 역간).
17. Henri J. M. Nouwen, *A Cry for Mercy*(1981), 78. 「자비를 구하는 외침」(한국기독교연구소 역간).
18. Henri J. M. Nouwen, *Here and Now*(1994), 26. 「여기 지금 우리와 함께하시는 하나님」(은성 역간).
19. Henri J. M. Nouwen, *The Genesee Diary*(1976), 180. 「제네시 일기」(포이에마 역간).
20. Henri J. M. Nouwen, *Making All Things New*(1981), 51. 「모든 것을 새롭게」(두란노 역간).
21. Henri J. M. Nouwen, *¡Gracias!*(1983), 133. 「주님 감사합니다」(아침영성지도연구원).
22. Henri J. M. Nouwen, *The Living Reminder*(1977), 31. 「예수님을 생각나게 하는 사람」(두란노 역간).

지은이_ 헨리 나우웬 Henri J. M. Nouwen, 1932-1996

헨리 나우웬은 1932년 네덜란드 네이께르끄에서 태어났으며, 1957년에 예수회 사제로 서품을 받았다. 심리학을 공부한 그는 인간의 고난을 더 깊이 이해하고 싶어 1964년에 미국으로 건너가 메닝거클리닉에서 종교학과 정신의학을 통합하는 공부를 했다. 30대에 노트르담대학교 심리학부에서 객원교수를 시작했고, 신학을 공부한 후에는 예일대학교 신학부에서 학생들을 가르쳤다.

존경받는 교수이자 학자로서의 이런 헨리 나우웬의 삶의 행보는 1981년을 기점으로 큰 변화를 맞이하게 된다. 그 무렵 그는 '하나님 사랑'에 빚진 자로서 거룩한 부담감을 품고 페루의 빈민가로 떠나 한동안 그곳 민중들과 함께 지냈다. 이후 다시 대학 강단으로 돌아와 3년간 하버드대학교 신학부에서 강의를 맡았으나 그는 더 이상 이 같은 삶에서 영혼의 안식을 찾지 못했다. 1986년, 마침내 그는 새로운 부르심에 순종하기로 결정한다. 그리고 1996년 9월에 심장마비로 소천하기까지 10년 동안 캐나다의 발달장애인 공동체인 라르쉬 데이브레이크(L'Arche Daybreak)에 살면서 '예수 그리스도를 따르는 삶'을 몸소 보여주었다.

「삶의 영성」, 「두려움에서 사랑으로」, 「영적 발돋움」, 「영성 수업」, 「상처 입은 치유자」, 「예수님을 생각나게 하는 사람」, 「춤추시는 하나님」, 「영혼의 양식」, 「예수님의 이름으로」(이상 두란노) 등 영적 삶에 관한 헨리 나우웬의 40여 권의 명저는 22개 이상의 언어로 번역되어 활발히 전 세계 독자들을 찾아가고 있다. 그는 외로움과 불안, 상처 등 마음의 감옥에 갇혀 있는 현대인들을 말씀으로 위로하고, '내적 자유'의 길을 제시했다. 책 속에 자기 마음속 고뇌와 성찰을 활짝 열어 보인 그는 '상처 입은 치유자'로서 큰 공감을 불러일으켰다. 또한 깊은 말씀 묵상과 기도 생활에서 나온 압축된 문장들은 수많은 이들을 깊은 영성의 세계로 초대했다.

헨리 나우웬은 세계 곳곳에 다니며 사역과 돌봄, 긍휼, 평화, 고난, 고독, 공동체, 죽음 등의 주제로 강연도 했다. 그는 예수 그리스도, 그 복음의 깊이를 전달하고자 늘 새로운 이미지를 모색했으며, 그의 영적 비전은 다양한 옷을 입고, 월스트리트의 금융가, 정치가, 전문직 종사자, 페루의 농부, 교사, 종교 지도자, 사역자 등 각계각층의 사람들에게 감화를 끼쳤다. 강의나 저작들의 강한 호소력은 자신의 삶의 모든 면을 하나의 생활 영성으로 통합하려는 그의 열정에서 나왔다. 그는 그런 통합의 추구가 우리 문화에 절실히 필요하다고 확신했다.

엮은이_ 존 모개브개브 John S. Mogabgab

미국 어퍼룸출판사(Upper Room Books)의 특별기획 편집자이며, 기독교 영성 생활 잡지 〈위빙스(*Weavings: A Journal of the Christian Spiritual Life*)〉의 창간 편집자이다. 1975년부터 1980년까지 예일대학교 신학부에서 헨리 나우웬의 조교로 강의와 연구 및 편집을 수행했다.

옮긴이_ 윤종석

서강대 영어영문학과를 졸업했다. 미국 골든게이트침례신학교에서 교육학을, 미국 트리니티신학대학원에서 상담학을 공부했다. 「차별없는 복음」, 「두려움에서 사랑으로」, 「은혜」, 「존중」, 「구원」, 「순종」, 「하나님의 임재 연습」, 「하나님 당신을 갈망합니다」, 「결혼 건축가」(이상 두란노), 「하나님의 모략」, 「예수님처럼」(이상 복있는사람) 등 다수의 책을 번역한 전문 번역가이다.